AF384279

10
Vnidades .

Lettre à M. le Conseiller d'État Bon Portal, chargé de la police supérieure de la Direction administrative des colonies près le Ministère de la Marine à Paris, suivie du discours prononcé le 28 mars 1816, dans une assemblée de propriétaires de la coloni

9 782014 095395

LETTRE

A MONSIEUR LE CONSEILLER D'ÉTAT,

BARON PORTAL,

CHARGÉ DE LA POLICE SUPÉRIEURE DE LA DIRECTION
ADMINISTRATIVE DES COLONIES,

PRÈS LE MINISTÈRE DE LA MARINE, A PARIS;

SUIVIE

DU DISCOURS

Prononcé, le 28 mars 1816, dans une Assemblée de Propriétaires
de la Colonie de Saint-Domingue, adressé à S. Exc le Ministre
Secrétaire d'Etat au Département de la Marine;

Par M. D. Augustin RÉGIS,

(HOMME DE COULEUR),

ancien Officier d'état-major de l'ex-armée de Saint-Domingue.

PARIS,

CHEZ DELAUNAY, LIBRAIRE, AU PALAIS-ROYAL;

ET LES MARCHANDS DE NOUVEAUTÉS.

1817.

On doit regarder comme contrefait tout exemplaire de cette Brochure qui ne sera pas revêtu du cachet de l'Auteur.

DÉDIÉ AUX COLONS

DE TOUTE COULEUR

DE SAINT-DOMINGUE.

Chers compatriotes,

Je n'ai pas cru devoir mettre sous presse, pour vous faire connaître mes opinions sur le moyen de rétablir la tranquillité dans la colonie de Saint-Domingue, que jusqu'au retour de la dernière commission que S. M. a daigné envoyer, et en même temps pouvoir en apprécier le résultat. Le temps est donc arrivé où j'entre en matière.

Les grands événemens qui viennent de fixer le sort de toutes les nations ont eu un double motif d'intérêt pour nous, comme Français, et comme habitans de Saint-Domingue.

Nous avons vu quels ont été les prompts effets du retour de l'auguste Monarque; les fleuves de sang qui inondaient la France se sont arrêtés presque soudainement; les enfans ont été rendus et conservés à leur famille, et le baume salutaire a été répandu sur toutes nos plaies. Déjà même le commerce et l'industrie nationale commencent à renaître, cette grande activité qui nous fait distinguer de tous les autres peuples.

Nous avons été les témoins de tous ces hauts bienfaits. O chers compatriotes! nous en avons conçu pour nous-mêmes des espérances que le temps saura réaliser.

Les maux qui nous ont si cruellement accablés, tiennent à ceux dont la France entière a été la victime : oublions-en pour jamais la source; ne portons à Saint-Domingue d'autre esprit que celui de réconciliation et de paix, et secondons enfin de tout notre pouvoir les sentimens paternels d'un bon prince, qui, loin de nous détacher de sa grande famille, laisse tomber tous les jours sur nous un regard de sa plus haute sollicitude.

En osant donner quelques idées sur le mode de recouvrer la colonie de Saint-Domingue, j'ai pensé qu'il était nécessaire que tous les intérêts y fussent ménagés; que chacune des classes qui existent trouvât, dans un nouvel ordre de choses, les avantages dont elle avait joui jusqu'alors; et que cette tranquillité si désirée fût l'objet même des hommes qui pourraient conserver le plus grand intérêt à la troubler. L'Epître que je fais est le gage le plus sincère que je puisse offrir à mes compatriotes des sentimens de ma vénération.

A

MONSIEUR LE CONSEILLER D'ÉTAT,

BARON PORTAL,

Chargé de la police supérieure de la Direction administrative
des Colonies, près le Ministère de la Marine, à Paris.

MONSIEUR LE BARON,

J'ose me permettre de vous exposer très-res-
pectueusement qu'il a paru beaucoup d'ouvrages
nouveaux sur les colonies : à quelques nuances
près ils se ressemblent tous, parce que les colons
qui les ont publiés, ont les mêmes intérêts et le
même but. Leurs désirs sont peut-être naturels
autant que légitimes; mais le Gouvernement avant
de se jeter dans le précipice et de s'occuper de
l'expédition future de Saint-Domingue, doit
s'assurer si les projets qu'ils se sont empressés de
proposer pour sa restauration peuvent être exé-
cutés sans dangers ; si tous les obstacles ont été
prévus et aplanis, et si l'on peut compter sur le
succès.

Je suis né créole et propriétaire dans la colonie susdite ; en homme impartial, je conviens que tous les propriétaires aux Antilles ont tous les droits possibles à traiter ce sujet, mais il s'agit moins de connaître le régime intérieur des colonies, leurs produits et leurs rapports avec la métropole, que de savoir si, dans l'état actuel des choses, la France doit exposer des troupes et le commerce hasarder de nouveaux fonds ?

C'est une question politique dont l'examen appartient non seulement à tous les Français, mais encore vous seul, Monsieur le baron, pouvez en contester le privilége exclusif, comme chargé de la direction de la police administrative des colonies.

Je suis de l'opinion contraire, sans pour cela être un sophiste et ni être un athéiste au système proposé par l'auteur de la *Nécessité de différer l'Expédition de Saint-Domingue*, imprimé en octobre *1814* dans son deuxième chapitre, et comme également de l'adoption de quelques fragmens du plan que cet auteur indique pour parvenir à la réussite de son projet : et, finalement, je ne suis point d'opinion non plus d'adopter son troisième chapitre en ce concernant la déportation des troupes noires de la colonie en France, tandis qu'elles peuvent être utilisées soit à l'agriculture soit de la manière que le Gouvernement croira le plus convenable. Voyez le Gouvernement de Toussaint Louverture, et lisez ma note adressée à son excellence le ministre de la marine et des colonies, sous la date du mois de juin 1816, sur le mode à adopter pour parvenir à recouvrer Saint-Domingue à sa métropole, et à la suite de cette note les moyens les plus salutaires pour utiliser les hommes renvoyés ou licenciés du service militaire, dans la colonie et terrasser par ce moyen le chapitre 3 précité de la page 38, 39 et 40 des articles 1 et 2. Quant à l'article 3 il n'y a rien qui doit être en contradiction, parce que le Gouvernement qui autoriserait la traite des noirs, pour cinq ans dans la vue de compléter le nombre d'hommes nécessaires à l'agriculture (dit l'auteur) que se serait anéantir d'un côté ce qu'il veut favoriser de l'autre.

Enfin les suppositions allégatoires des articles 4, 5 et 6 ne sont point admissibles, sauf d'aborder la question à la discussion législative à ce sujet.

Je dis que la traite des noirs peut être tolérée dans une bonne vue, en appelant surtout d'une manière volontaire le peuple africain de venir, s'il le désire, habiter nos colonies; alors on prendra des arrangemens avec eux qui devront être faits avec autant d'honneur que de délicatesse.

En conséquence, aussitôt que ces hommes seront arrivés dans les colonies, indistinctement ils seront déclarés libres par la loi et par les droits les plus chers et imprescriptibles de la nature dont le Code colonial en garantira l'inviolabilité.

Voilà donc comme je pense d'interpréter aujourd'hui le sens du mot de la *traite* et de l'esclavage des noirs dans les colonies que je suppose ne devoir être qu'une servitude sociale pour faciliter la population coloniale, non par des stipulations toujours d'un vil système de trafic d'un commerce infâme qui crie à l'horreur.

Bien entendu que je ne prétends pas dire que les hommes, amenés des côtes d'Afrique, après les avoir déclarés libres, ne devront point indemniser celui qui les aurait conduits dans nos colonies, puisque je serais d'avis qu'ils doivent indemniser au contraire le Gouvernement ou tout autre par le moyen de leur travail ; c'est-à-dire le Gouvernement ou l'habitant qui les aura à leur disposition , pourvoira à leurs besoins de tous genres ; lesquels individus donneront neuf ans de leur temps sans aucun salaire, et après cette époque ils jouiront des mêmes avantages que les anciens cultivateurs. A cet égard le Code de culture coloniale proposé par M. le colonel *Malenfant* , sous-inspecteur aux revues , pourra donner des explications assez détaillées , sans cependant enfreindre les dispositions de cette note basée sous l'égide d'un système de religion , d'humanité et de justice.

« Véritablement (dit l'auteur) on ne sait comment concilier les dispositions que l'on s'est proposé de prendre pour encourager la traite , avec les principes de philantropie qu'on accueille. » Et je réponds qu'il serait très-facile , en adoptant un mode et un système de choses adoptable , avec le régime constitutionnel, puisque l'abolition est prononcée par tous les souverains alliés, et puisque le Roi lui-même a consenti à garantir l'intégrité de la liberté individuelle de hommes de couleur , noirs ou mulâtres, et que cette liberté soit limitée et sans licence , et que la Charte constitutionnelle du meilleur des rois veut qu'elle soit commune , non-seulement à tous les Français nés Européens, mais encore à tous ses enfans indistinctement leurs couleurs de l'autre hémisphère ?

Donc les réflexions de l'auteur peuvent être prudentes , même salutaires, mais ne sont elles pas aussi inconséquentes que ridicules aux yeux des lecteurs ?

Je termine donc à demander à celui-ci l'examen

succinct d'une autre supposition : « De quelle manière traitera-t-on les noirs cultivateurs ? Si (dit l'auteur de la Nécessité de différer l'Expédition) on leur conserve la liberté ? »

Je réponds à la question : Pourquoi ne seront-ils pas traités de même que le sont les cultivateurs Européens, et pourquoi ne leur payera-t-on pas également un quart du produit de la culture des terroirs qu'ils auront gagné à la sueur de leurs fronts ?

Mon intention est, Monsieur le baron, de développer sans subterfuges mes idées avec la modération qui a toujours été dans mon caractère : je ne renonce pas non plus que les malheureux habitans de Saint-Domingue, à l'espérance de voir encore fleurir cette colonie, comme elle a été sous nos rois légitimes et du temps de nos pères, et même à comparer dans la révolution, sous le gouvernement de feu Toussaint-Louverture, avant l'arrivée de l'armée expéditionnaire, commandée par les généraux *Leclerc* et *Rochambeau* qui bouleversèrent tout.

Mais je ne crois pas le moment aussi favorable et aussi avantageux ni aussi rapproché qu'ils l'imaginent.

Cependant je puis me tromper, et même je le souhaite, la France serait plutôt heureuse, et toutes les idées tourneraient vers le commerce, source principale de sa félicité, celle de ses colonies et son bonheur me consolerait bien plus facilement de ma défaite.

Saint-Domingue, possédée par sa métropole, sous l'égide de la liberté, garantie par un réglement constitutionnel pour la colonie, et non sous l'égide de l'esclavage, comme le propose l'auteur en question, sera à jamais fidèle à l'autorité paternelle du Roi de France et de Navarre, et à l'obéissance à ses lois.

Mais si supposons, Monsieur le baron, que les derniers commissaires qui viennent de partir du *port* de *Brest*, en août dernier, pour Saint-Domingue, soient chargés de s'entretenir de matières vagues et extravagantes avec les deux chefs de cette colonie, les généraux *Péthion* et *Christophe*, je regarderais leur mission comme finie ou démentie; comme l'a été celle de MM. *Lavaise*, *Agremann* et *Médina*, et qu'ils n'y feraient rien, et alors sans doute le projet de l'auteur pourra fort bien s'accomplir avec les dispositions chimériques qu'il a cru devoir tracer impunément au Gouvernement et publier sans le moindre respect pour la génération du peuple actuel de la colonie, en voulant rétablir l'esclavage dans un pays où toute la génération est renouvelée et renaissante, comme si ce peuple noir n'était pas composé d'hommes comparables aux blancs, devant jouir des mêmes agrémens de la société.

Il suffit que l'on soit né noir, ou d'un teint différent de celui des blancs dans les colonies pour que l'on soit bafoué et rebuté de la classe des citoyens, et je prierai *dans ce cas le même auteur* de se mettre pour un moment à leur place et endurer les tortures, etc. etc. sous le joug des anciens maîtres, du moins il lui sera facile d'apprécier ce qu'était le poids de l'esclavage.

Si jusqu'ici je me suis permis de m'entretenir avec vous sur de tels sujets, j'ai cru par-là remplir une tâche de mon devoir envers l'humanité, et pour le bonheur de mes malheureux frères dont je vois toujours ici les intentions calomniées, et vous faire aussi remarquer que des déclamations semblables à celles alléguées dans les brochures que quelques-uns des colons ne cessent d'imprimer sont écrites dans la seule vue d'allarmer les noirs, et les reculer ou les éloigner à la soumission sincère au Gouvernement parternel du Roi.

Parce que leur parler de l'esclavage, au lieu de la liberté qu'ils ont goûtée depuis nombre d'années, c'est leur dire : défendez-vous contre les pièges et les embûches du démon, et ils auront certainement raison de se méfier de vos promesses comme le diable s'enfuit de l'éau bénite.

Voilà, Monsieur le baron, ce que produira l'impression des brochures d'opinions, de tout un chacun, données sur les moyens d'entrer en possession de la colonie de Saint-Domingue, et où s'accomplira le but de leur espérance : vous êtes chargé, Monsieur le baron, de cette partie importante de la direction de la police administrative des colonies auprès du ministère de la marine, c'est de vous que dépendra toute la gloire de sa prospérité et le bonheur des habitans de cet autre hémisphère ; l'intérêt et l'honneur du ministère de les faire, quelque grands que soient les sacrifices, vous en sera commun.

Et c'est dans cette pure espérance que je m'adresse à vous, afin que vous daigniez communiquer ma note à Son Excellence, de manière à faire cesser tous les cris horribles qui se lancent contre les noirs de la colonie de Saint-Domingue, par des écrivains aussi flagorneurs qu'insensés, qui ne cherchent plutôt qu'à aigrir les esprits et à mettre des entraves dans toutes vos opérations, au lieu de fixer leur attention en les excitant à l'obéissance et les ramenant au giron des lois.

Je vous supplie, Monsieur le baron, d'agréer

celle de l'assurance de mon profond respect et l'hommage de ma plus haute reconnaissance pour la part que vous daignérez prendre à cette affaire auprès du Ministre.

J'ai l'honneur d'être,

Monsieur le baron,

Votre très-humble et très-obéissant serviteur,

Signé, D. Augustin REGIS,

Paris, ce 15 octobre 1816.

Rue de Bourbon, hôtel de Lille, n° 5.

DISCOURS

PRONONCÉ, LE 28 MARS 1816,

PAR LE SIEUR AUGUSTIN RÉGIS,

OFFICIER D'ÉTAT-MAJOR,

Habitant de la Colonie de Saint-Domingue,

Dans une Assemblée de Propriétaires de ladite Colonie, adressé à Son Excellence le Ministre Secrétaire d'Etat au département de la Marine et des Colonies.

A SON EXC. MONSEIGNEUR LE VICOMTE

DUBOUCHAGE,

Ministre Secrétaire d'Etat au département de la Marine et des Colonies.

MONSEIGNEUR,

J'AI l'honneur de soumettre sous les yeux de votre Excellence l'insertion de la réfutation suivante d'une note sur l'assertion d'un discours prononcé le 28 du mois de mars 1816, en séance tenante, chez M. le colonel *Denard*, officier supérieur attaché à l'état-major de M. le lieutenant-général comte *Willot*, gouverneur actuel de la 23° division militaire (en sa demeure, rue et hôtel Villedot n°. 7), d'après sa lettre du 25 mars dernier, et j'ose croire, Monseigneur, en soumettant cette *note* aux sages réflexions de votre Excellence, qu'elle daignera en agréer l'hommage.

Si, comme j'ai pu croire aussi, que de tout

cela rien n'a pu être fait sans préalablement l'agrément officiel ou verbal de votre Excellence, pour que ces messieurs ouvrissent des pour-parlers sur des matières aussi délicates ; ignorant même le résultat du dépouillement des séances qui ont eu lieu, et auxquelles j'ai été toutes les fois convoqué pour y émettre mon opinion, je m'empresse donc à ce sujet d'adresser le contenu à votre ministère ; dans toute hypothèse des choses, et comme n'étant point chargé d'aucune mission ni commission d'un côté ni de l'autre, je n'avais pas cru, en conséquence, devoir adhérer à de telles obligations.

Mais cependant la raison m'y a naturellement contraint, puisqu'il s'agissait du bonheur du pays qui m'a vu naître, et pour sa réunion future à sa métropole, et à jamais mémorable, sous l'égide de son Roi et sous la dynastie de son souverain légitime.

Voilà, Monseigneur, les seuls motifs qui m'ont engagé de me rendre à l'invitation qui m'en a été faite par M. le colonel *Denard*, de la part de M. le lieutenant-général comte *Willot*, par sa susdite lettre du 23 mars 1816.

C'est pourquoi je supplie très-humblement votre Excellence de daigner accueillir favorablement celle de l'assurance de mes sentimens les plus respectueux ; et je réitère aussi celle de ma plus grande soumission à l'autorité royale.

Je suis, Monseigneur,

Votre très-humble et très-obéissant et subordonné serviteur,

Augustin RÉGIS.

Paris, 14 juin 1816.

CONFÉRENCE

Qui a eu lieu, le jeudi 28 du mois de mars 1816 (à sept heures du soir), chez M. le colonel *Denard*, officier supérieur d'état-major de M. le comte *Willot*, lieutenant-général, gouverneur de la 23ᵉ *division militaire*, où étaient réunis M. le maréchal-de-camp, marquis de *Cocherel* et cinq autres personnes, tous propriétaires et habitans de la colonie de *Saint-Domingue*; laquelle assemblée ne s'est réunie, et n'a eu d'autre but que d'entendre le développement d'un discours prononcé par le sieur *Régis*, et de son opinion, ainsi que de celle de chacun des autres personnages, et discuter sur le mode le plus salutaire à adopter pour parvenir à rentrer en possession de la colonie, sans cependant répandre la moindre goutte de sang, en conciliant les mesures que l'on pourra prendre avec autant de sagesse que de prudence.

DISCOURS.

Messieurs, j'ai l'honneur de vous exposer, et vous n'ignorez pas que, depuis la révolution française, Saint-Domingue est parvenu à un degré de malheur qui peut à peine se peindre, excepté pendant les cinq années du gouvernement de *Toussaint-Louverture*, époque où la colonie allait jouir d'une parfaite tranquillité, et où la culture des terres faisait déjà un progrès très-étonnant; l'arrivée de la malheureuse expédition du général *Leclerc*, en l'an 9, et au commencement de l'an 10, bouleversa tout, et depuis cette époque, cette colonie a toujours été le théâtre des dissensions politiques, livrée à des diatribes, et le lieu où les discussions ont été au comble de leur exécution. Car vous le dirai-je, Messieurs, la perte de cette belle et infortunée colonie n'est due qu'à la haine et à la vengeance que les anciens colons planteurs manifestèrent aux gens de couleur, noirs ou mulâtres.

Je vous fais remarquer, Messieurs, que la génération actuelle du peuple de la colonie de St.-Domingue n'est plus l'ancienne, et que les usages et les mœurs sont plus épurés et plus éclairés, et qu'elle est parvenue à un degré de civilisation un peu plus ou moins policé que les Européens, mais que le système des choses qui règne aujourd'hui dans la colonie est, pour ainsi dire, basé sous une égide de liberté; et que le peuple, peut être égaré par l'effusion funeste des divisions de la malheureuse révolution européenne, qui, depuis vingt-six ans au moins se fait sentir d'un globe ou d'un hémisphère à l'autre, dont le fléau s'est agité, par exemple, comme un Vésuve, jusque dans le plus profond des abîmes, et que l'effet de son éruption a été connu par toute la terre comme le flux et les reflux d'une mer tempestueuse et orageuse; ce peuple de S.-Domingue dis-je, qui depuis vingt-six ans qui sont écoulés depuis qu'il goûte la licence de la liberté, et à qui on a tant vanté la tolérance, dont l'effusion a pris un tel empire sur son intellect individuel; et c'est ce peuple à qui l'on voudrait ravir ses droits politiques et civils, pour le remettre dans le lien de la servitude, ou pour mieux dire dans l'esclavage!

Il me semblera difficile, et j'ajoute que, selon moi, il sera impossible que l'on puisse parvenir à effectuer un tel projet, à moins que l'on n'en vienne à une extinction totale de la génération

actuelle de la colonie, et à en former une nouvelle; de plus Messieurs, je n'entrerai point dans
des détails particuliers d'ailleurs, et d'autant plus
que j'ai ouï dire que messieurs *d'Oxion*, *Delavaise*,
Ogormann, et *Franco*, dit *Médina*, qui avaient
été envoyés par le Roi, en 1814, en qualité de
commissaires extraordinaires, à St.-Domingue,
n'ont point fait connaître le résultat de leur
mission, de manière à pouvoir paralyser, avec
les nouvelles que nous recevons indirectement,
et que nous lisons par la voie des journaux; de
la situation actuelle de cette colonie; ces commissaires, sans doute, n'étaient revêtus d'aucun
titre qui caractérisât la représentation nationale,
puisqu'ils ont été tous renvoyés ignominieuse-
ment par les deux chefs de la colonie, et
qu'Oxion, de *Lavaise* ainsi que le respectable
Ogormann, furent moins maltraités, que ne l'avait
été leur collègue, *Franco*, dit *Médina*, par
le général *Christophe*, mais je m'arrêterai seulement en me limitant dans ma manière de penser
et dans mes propositions suivantes.

Pourquoi garantira-t-on au général *Péthion* et à
son état-major l'existence de l'intégrité de leurs
priviléges et de leurs droits particuliers, et ne le fe-
rait-on également à l'égard du général *Christophe*?
Il est évident que ni l'un ni l'autre ne doit être
excepté dans les dispositions qu'il s'agira d'établir pour assurer le bonheur et la tranquillité de
la colonie, d'autant plus que je serais d'avis que
ce serait à celui qui le premier ferait ou aurait
fait sa soumission d'obéissance, à l'autorité du Roi
de France et de Navarre qui pourra avoir l'honneur de prétendre à des bontés de la haute mu-
nificense de Sa Majesté.

Et je suis de l'opinion qu'il s'agira non-seulement de garantir et de s'occuper de l'intérêt personnel ou individuel de ces deux chefs actuels de la colonie, mais encore faudra-t-il penser au sort du peuple habitant cette colonie, qui, depuis long-temps, ne fait que sacrifier loyalement son sang et sa vie, soit pour *Pierre*, *Paul* et *Jacques*, etc. etc. C'est ce que j'ose imposer à vos sages réflexions et que je vous laisse à juger.

Pour parvenir donc, Messieurs, à mettre un terme aux maux et aux désastres qui ont entraîné le malheur de la colonie, et pour parvenir efficacement à la réunion de cette belle contrée à sa métropole, par une sincère soumission à son Roi légitime.

Je serais d'avis d'adopter le mode ci-après :

1° Que le Gouvernement de la métropole garantira l'intégrité absolue des droits civils, politiques et sociaux des hommes citoyens de toutes les couleurs, noirs, mulâtres et à leurs descendans, etc., et ce par un code réglementaire et spécial pour les colonies, qui tiendra lieu de loi ou d'une charte constitutionnelle.

Malgré le respect et la vénération que nous portons aux ordonnances du Monarque, ici, néanmoins, il s'agira que les deux chambres des Pairs et des Députés (selon ma manière de penser) prennent part à la loi proposée, et prononcent unanimement ce pacte solennel déclaré par les nations étrangères pour l'abolition de la traite et de l'esclavage en général des noirs dans les colonies françaises ; car, jusqu'ici, le gouvernement français (dit-on) a gardé le silence à ce sujet, dont il s'agit de prononcer définitivement pour ou contre des droits politiques et civils des hommes de couleur, noirs, mulâtres, etc,, non par une simple ordonnance à laquelle on pourrait déroger ou s'écarter à la volonté des administrateurs, mais par un décret irrévocable des Représentans de la volonté nationale et sanctionné par le Roi : par là on donnera une preuve durable d'une paix sincère et d'une pacification avec les peuples de cet autre hémisphère, et par là, on verra aussi réunir Saint-Domingue pour être à jamais à sa métropole : voilà quelles sont mes opinions à cet égard.

2°. Que les mots *esclaves* soient abolis pour jamais dans les colonies, et on y substituera ces mots correctifs *cultivateurs*, *agriculteurs* ou *laboureurs* qui sont plus adaptables avec l'ordre et le système des choses établies depuis vingt-six ans : par ce moyen la liberté du citoyen serait garantie.

3° Que les citoyens sans distinction de couleur, noirs ou mulâtres, et de leurs professions qui réuniraient les talens et qualités requises par les lois, puissent siéger de pair avec les blancs, de quelques rang et qualité qu'ils pourraient être, soit dans les assemblées, administrations civiles, judiciaires, ecclésiastiques, militaires.

4°. Que les anciens propriétaires colons de Saint-Domingue rentreront de plein droit et de justice dans l'intégrité de leurs possessions et biens légitimes dont ils ont été privés depuis long-temps par l'effet de la malheureuse guerre intestine et de la révolution succédée à Saint-Domingue, sauf par eux d'indemniser les nouveaux prétendus propriétaires pour les biens qu'ils auraient pris et pour les dépenses qu'ils auraient faites pour l'entretien des établissemens, réparations et autres sur les habitations qui sont depuis devenues leurs propriétés illégitimes.

5°. Qu'il sera fait des concessions aux nouveaux propriétaires, afin de prévenir de nouveaux désastres et des calamités, que le mécontentement seulement pourrait occasionner, ou même que des gens, stipendiés par la malveillance, pourraient encore exciter et attirer de nouvelles dissensions: il est donc nécessaire de prévenir les suites funestes qui peuvent en résulter par une sainte pacification (1).

6°. Que les propriétaires seront obligés, par la loi réglementaire pour la colonie, de payer un quart du revenu du produit de la culture des terres à leurs cultivateurs ou agriculteurs.

7°. Que l'on éloignera de la colonie, autant que les circonstances l'exigeront, ceux d'entre les anciens propriétaires qui sont ou pourront être reconnus, soit par leur incapacité à gérer leurs biens ou habitations, soit par un esprit d'animosité et de malversation provenant de l'ancienne habitude des préjugés qu'ils voudraient encore reproduire, et qui, par leur présence ne pourraient que devenir très-nuisibles au bon ordre et au salut de la colonie.

8°. Qu'il sera de toute nécessité d'envoyer à Saint-Domingue une nouvelle Commission composée de quatre individus de trois couleurs, propriétaires ou habitans de la colonie, connus par leur attachement et leur fidélité au gouvernement de la métropole et leur désintéressement pour

____

(1) Les concessions pourront être faites dans la partie espagnole, où il y a de grands terrains incultes, et le gouvernement français devra prendre, à cet effet, des arrangemens à l'amiable avec le gouvernement espagnol. Cette partie produira de grands avantages en sucre, cacao, coton, café, indigo, etc. La terre est bonne; il ne reste plus qu'à la défricher.

toute espèce d'opinion particulière, et finalement de leur moralité, tant civile que politique : cette commission doit être sous la présidence immédiate d'un commissaire spécial nommé en conséquence par le Roi, lequel commissaire spécial doit être pris parmi les diplomates intègres, dignes de foi et de la confiance de Sa Majesté, pour porter, conjointement avec la commission dont il sera le président, *la palme de la paix* en signe d'une sincère pacification générale et de réconciliation.

9°. Ladite Commission sera investie du caractère, de la présence et de l'autorité du Roi de France et de Navarre, dans la colonie de Saint-Domingue, et aura des pleins pouvoirs et même discrétionnaires pour entrer et entamer de suite des négociations avec les deux chefs actuels de la colonie, et prendre tous les moyens et les mesures qu'elle croira les plus convenables près les deux chefs, afin de parvenir à la réunion de cette belle et infortunée colonie à la France.

Pour parvenir à l'exécution de ce projet, j'observe qu'il serait convenable, dans la circonstance actuelle et dans l'hypothèse des choses, que la commission prît son siége dans la ville de *Santa-Domingo*, partie ci-devant espagnole de l'île, pendant la durée ou l'espace du temps que nécessitent les négociations.

La Commission, aussitôt arrivée dans la colonie, n'aura rien de plus pressant que de notifier officiellement son arrivée aux deux chefs qui la gouvernent, et fera connaître ses motifs, soit par adresses, proclamations, arrêtés, etc. toujours convertis et traduits dans les deux langues, de la *française* à celle de *créole* (ou langue du pays) adressés aux citoyens et habitans de la colonie, après avoir préalablement convoqué et reçu les mandataires, commissaires de ces deux chefs de la colonie, afin de traiter sur les points les plus importans : avant tout, on aura soin d'observer les étiquettes d'usage pour la réception des envoyés desdits chefs actuels de ladite colonie, de manière à ne point blesser la sensibilité et ni toucher à l'amour-propre du caractère qu'impose la mission qu'ils auront à remplir de la part de leurs chefs respectifs auprès de la commission ; car un faux pas ferait perdre tout le fruit que l'on aurait lieu d'attendre de l'envoi de cette commission.

Lorsque l'on serait convenu sur tous les points, pour affermir l'autorité du Roi dans la colonie, tant d'un côté que de l'autre, alors la Commission du gouvernement de la métropole pourra, sans objections, transférer son siége dans la partie *française*, soit au *Cap*, ou au *Port-au-Prince*, cette dernière ville comme étant la plus propice, et comme étant une des capitales qui est au centre de la colonie. Là, on convoquera, avec l'intervention des chefs actuels de la colonie, les assemblées électorales des départemens du *Nord*, de l'*Ouest* et du *Sud*, et, si faire se pourra, une députation du gouvernement de la partie espagnole, pour intervenir aux arrangemens qui pourraient avoir lieu ; lesquels députés sont convoqués spécialement, par ordre de la commission, pour être présens aux noms de leurs villes et arrondissemens respectifs, afin de veiller à la discussion de l'intérêt général, du bonheur de la colonie et de ses habitans, et faire en même temps leur soumission, au nom de leurs villes, bourgs, etc., à la représentation de Sa Majesté le Roi de France et de Navarre.

10°. J'ai l'honneur de vous exposer également, Messieurs, qu'il serait indispensable d'obtenir pour M. l'abbé *Breille-Corneille*, curé de la ville du *Cap*, très-connu de M. *Perroud*, commissaire-ordonnateur, et de M. *Devincent*, maréchal-de-camp du génie, qui ont résidé long-temps à Saint-Domingue une *bulle d'institution canonique* pour exercer la fonction d'évêque *in partibus*, que S. M. sera très-humblement supplié de daigner solliciter du Saint-Siége apostolique par une grâce insigne de sa bonté souveraine et paternelle, en témoignage de la réunion future de la colonie à sa métropole, et une telle démarche n'est que pour assurer le bonheur et la tranquillité de la colonie, pour sa prospérité et pour le succès de la réunion de Saint-Domingue, sous la domination et sous l'égide de ses rois légitimes, et sous la dynastie perpétuelle des Bourbons.

Vous remarquerez donc, Messieurs, que cet ecclésiastique a beaucoup d'influence sur le général Christophe, et peut être très-utile et avantageux à l'opération délicate de la Commission.

Cet ecclésiastique a de grands moyens ; il jouit de l'estime, de la considération, de la confiance du peuple et des étrangers qui viennent s'établir dans la colonie. Voilà encore un point bien essentiel sur lequel il faut s'occuper.

11°. La Commission stipulera le mode pour le licenciement général de l'armée actuelle, tant d'une partie que de l'autre, et il n'y aura, pour toute force armée, que dix mille hommes de troupes, à raison de trois mille hommes pour le département du Nord ; quatre mille pour le département de l'Ouest, et trois mille pour celui du Sud : elles feront le service, et maintiendront le bon ordre dans la colonie ; et, quant au surplus de l'armée, il sera licencié, et rentrera dans ses habitations respectives, pour y être de nouveau utilisé à l'agriculture. Avant le départ de chaque soldat pour retourner dans ses foyers, on aura soin de le faire payer de sa solde et de tout ce qui peut lui être dû, soit pour le courant, soit pour l'arriéré, de manière qu'il soit satisfait; de plus, on donnera une gratification extraordinaire aux troupes qui seront licenciées de part et d'autre, proportionnellement aux grades. Cette gratification se composera de deux mois de solde pour les officiers, et de trois mois pour les sous-officiers et soldats, et le tout au nom de Sa Majesté, afin de mettre les hommes, renvoyés du service militaire dans leurs foyers, dans la possibilité de pourvoir à des besoins urgens, jusqu'à ce qu'ils puissent se le procurer par leur industrie dans le travail auquel ils se livreront dorénavant.

En outre des deux mois de gratification accordés, les officiers recevront le tiers en sus de leur solde ordinaire; depuis le grade de colonel jusqu'à celui de sous-lieutenant, et ce pour la conduite qu'ils tiendront dans le licenciement général des corps, et la commission pourvoira, d'une manière convenable, pour utiliser les ex-officiers, en récompense de leurs services, afin de prémunir la colonie des nouveaux dangers que la seule inaction pourrait occasioner. (Expérience du gouvernement du général *Leclerc*, en l'an 10 et commencement de l'an 11. Voyez également la conduite du général *Rochambeau*, en l'an 11.)

MODE

pour utiliser les Officiers licenciés de tout grade.

Les officiers qui, par l'effet de la nouvelle mesure générale du licenciement des troupes de la colonie de Saint-Domingue, auxquels le gouvernement ordonne de se retirer dans leurs foyers avec la solde de retraite ou autrement, et ceux même qui n'auraient pas le service voulu par les réglemens, pour jouir des mêmes avantages, pourront être employés, comme il sera dit plus bas, dans les emplois correspondans au grade qu'ils occupaient dans l'armée avant leurs admission à la retraite ou à la réforme.

Les généraux du pays pourront être employés, s'ils le demandaient, comme inspecteurs-généraux d'agriculture.

Composition d'un comité général, chargé de surveiller et de suivre les progrès de la culture des terres.

1°. Il y aura pour toute la colonie un comité central, composé de sept membres, savoir :

Quatre notables propriétaires de la colonie, les plus versés dans l'agriculture ;

Trois généraux du pays, versés aussi dans la culture des terres de la colonie, tous sept auront le titre d'inspecteurs généraux-d'agriculture.

Il y aura également, près le comité, un secrétaire-général, pris parmi les habitans du pays, qui soit au courant du système de choses établies

pour la culture des terres coloniales : il sera
chargé de toute la correspondance qui se trouve
dans les attributions du comité, tant avec les inspecteurs en chef des départemens qu'avec ceux
subordonnés et autres employés du comité, en
matière des services de leurs gestions respectives.

2°. Il y aura, pour chaque département, un
inspecteur en chef d'agriculture, pris parmi les
colonels; un sous-inspecteur, pris dans le grade
de chef de bataillon ou d'escadron, et ils seront
subordonnés aux ordres des inspecteurs généraux et des inspecteurs en chef de leur département.

3°. Il y aura par deux habitations un capitaine
de section, chargé de la surveillance du travail;
il aura sous ses ordres quatre lieutenans conduc-
teurs d'ateliers, qui lui rendront compte de tout
ce qui se passera sur les habitations confiées à sa
police et à sa discipline.

4°. Les capitaines de section et lieutenans con-
ducteurs d'ateliers seront pris parmi les capitaines et lieutenans réformés, ou retraités par
suite de la nouvelle organisation.

5°. Il y aura des officiers de gendarmerie, pris
également parmi le nombre des officiers licenciés, dans les grades de capitaines, et inférieurs.

Ces officiers, étant pour le maintien du bon
ordre, demeureront entièrement sous les ordres
et à la disposition des autorités civiles et militaires, pour ce qui les concerne dans leurs attributions respectives.

Le capitaine de section résidera toujours sur
l'habitation la plus forte en population, surveil-

lera le travail , et fera tout ce qui entre dans les attributions d'un surveillant ; il veillera à ce que chaque cultivateur soit livré à ses devoirs , et fera punir les lieutenans, chefs d'ateliers, qui enfreindraient leurs devoirs (Voyez le gouvernement du général Toussaint-Louverture).

6°. Il y aura pour chaque département un colonel de gendarmerie, pris parmi ceux des colonels les plus instruits, et qui, par leur sagesse, leur moralité et leur dévouement à la cause du Roi, et pour l'intérêt qu'ils portent au bonheur de la colonie, de sa prospérité et de celle de ses habitans, mériteront la confiance de la Commission.

Ces officiers supérieurs résideront dans le chef-lieu départemental.

Il y aura sous leurs ordres trois chefs d'escadron ou de bataillon, par département, qui seront employés dans chaque chef-lieu d'arrondissement ou district.

Il y aura également un capitaine de gendarmerie pour deux communes, et autant d'officiers du grade de lieutenant, que les circonstances exigeront d'en employer, ou d'en utiliser dans cette arme.

Ces officiers devront, autant que faire se pourra, avoir les qualités requises , ou au moins savoir lire , écrire , et pouvoir être à même d'exécuter les ordres des fonctionnaires et dresser un procès-verbal.

Tous les officiers ci-dessus désignés , ne faisant plus partie de l'armée active , et n'étant absolument institués, en conséquence dans les nouveaux emplois que pour dépendre directement de l'administration de la police générale , civile , politique, judiciaire et militaire, ne porteront dorénavant , pour tout uniforme , que celui affecté à l'emploi qu'ils auront à remplir, d'après leurs grades respectifs. Cependant les officiers employés dans l'administration de l'agriculture continueront et conserveront l'honneur de porter leur épée en marque de récompense de leurs services et pour la soumission et l'obéissance à la métropole.

7°. Quant aux plus fortes villes principales , quartiers et gros bourgs , les commandemens pourront être confiés , si le gouvernement de la métropole le juge nécessaire , jusqu'à ce que la colonie soit dans son assiette et jouisse d'une parfaite tranquillité , aux soins des généraux et colonels noirs, mulâtres et blancs , qui prouveront qu'ils ont acquis des droits à la bienveillance de Sa Majesté, par leur attachement et leur fidélité , et le zèle qu'ils auront mis , soit pour seconder les intentions de la Commission dans le licenciement général des troupes , ainsi que pour le maintien du bon ordre , et faire respecter le nom de la représentation, de l'autorité du Roi, dans la colonie. Les émolumens et traitemens de ces officiers généraux et supérieurs seront déterminés par une décision provisoire de la Commission , qui sera envoyée à la sanction de Son Excellence le Ministre secrétaire d'état au département de la marine et des colonies, pour être, s'il y a lieu, ultérieurement prononcée.

Le traitement des officiers qui seront employés dans l'administration de l'agriculture sera fixé par la Commission du Gouvernement, à raison d'un supplément de solde pour les fonctions qu'ils auront à remplir, c'est-à-dire un tiers en sus.

Les cultivateurs, cultivatrices et tous autres individus attachés aux travaux des habitations, ne pourront, sous quelque prétexte que ce puisse être, se soustraire ni se distraire du travail, ou quitter les habitations dont ils dépendent, sans permission préalable, sous peine de punition ou d'être arrêtés par la gendarmerie. D'ailleurs on aura pour base de se conformer strictement au code et au système de choses que le général *Toussaint-Louverture* avait établi à Saint-Domingue, comme je crois l'avoir dit déjà dans un des articles précédens. (Lisez le code proposé par le colonel Malenfant et adopté par le général Toussaint).

CONCLUSION.

8°. De ne point envoyer d'administrateurs dans la colonie, que la Commission ne soit consultée pour cet effet ; la Commission aura, immédiatement après l'ordre établi dans la colonie, un de ses membres auprès du ministère de la marine, pour mettre le ministre à même de prononcer, s'il s'agissait de prendre des dispositions générales ou particulières pour Saint-Domingue, tant dans la partie administrative, judiciaire, que militaire, etc. Le commissaire sera spécialement chargé de prendre les intérêts du bonheur de la colonie et de ses habitans auprès du monarque, et de donner des renseignemens positifs sur la situation de la colonie, et faire des représentations respectueuses au ministre, dans le cas où l'on chercherait à induire le gouvernement en erreur, en sorte de veiller à ce que l'intérêt de la colonie ne soit pas compromis, et que le droit des gens soit respecté, sans distinction de couleurs, maxime qui est observée chez toutes les nations civilisées, qui est de considérer tous les hommes comme frères, selon le précepte de la religion (1).

9°. Sa Majesté sera également suppliée de permettre pour les besoins spirituels, qu'il soit envoyé à Saint-Domingue un nombre d'ecclésiastiques suffisans pour le service divin, et pour qu'il soit établi un séminaire dans la colonie, qui, par ses soins, pourvoirait à l'éducation des gens de couleur pour ce genre de profession.

La religion catholique, apostolique et romaine est la seule qui domine dans la colonie.

Je serais d'avis, si le gouvernement avait l'intention d'envoyer des commissaires à Saint-Domingue, de ne point faire d'autre choix que dans la personne de messieurs le maréchal-de-camp de *Vincent-Perroud*, ordonnateur, le vicomte de *Fontanges*, le général comte *Villot*, gouverneur actuel de la Corse, ou, dans tous les cas, les généraux *Pageot*, *Kerverseau*, le conseiller d'état *Moreau* de *Saint-Merry*, et *particulièrement le général Etienne Laveau*.

M. le colonel *Dénard* pourra fort bien remplir les fonctions de secrétaire-général de la Commission avec un secrétaire-général-adjoint, pris parmi les hommes de couleur, *noirs* ou *mulâtres*, ayant toujours soin d'adjoindre à ces commissaires trois autres commissaires, tirés de la couleur comme je viens de le dire ci-dessus.

Vous me demanderez certainement, Messieurs,

____

(1) Ici j'adopte le système du code de culture proposé par M. le colonel Malenfant, sous-inspecteur aux revues, et de tout son contenu. Cet écrivain, rapide dans ses expressions, l'a écrit sans passion et sans partialité.

des explications sur mon opinion, je vous répondrai de nouveau ce que j'ai écrit, si vous voulez que j'entre en matière à ce sujet, et ce que j'avance dans la présente. C'est à vous, Messieurs, d'entrer dans les discussions législatives, et de faire ce que vous croirez le plus convenable pour l'intérêt du plus auguste des monarques et d'un descendant du sang de Saint-Louis, notre bon Roi et légitime souverain, ainsi que pour le bonheur de la colonie et de ses habitans.

Voilà, Messieurs, où je borne mon discours et l'expression naturelle du sens de mes opinions; et je conclus de nouveau que si l'on veut agir différemment que de la manière alléguée dans mon mémoire, on aura peine à parvenir au but d'un projet quelconque, comme je l'ai dit dans le commencement de ma narration.

Je réclame en outre l'impression du contenu dans la présente note de proposition au gouvernement, et pour qu'elle soit envoyée à l'acceptation du peuple de la colonie, par l'intermédiaire de la Commission, et ensuite de cette formalité proclamée au nom du Roi (pour base fondamentale et durable de la chose) loi réglementaire et constitutionnelle pour toute la colonie, comme droit légal et imprescriptible, en attendant qu'elle soit stipulée à des mesures d'interprétation sur cette matière et sur la catégorie dont il s'agit, par des réglemens particuliers, tant sur le mode du maintien de l'ordre et de la discipline, que sur la police des cultivateurs et cultivatrices, sur les habitations. Ces réglemens de police et de discipline ne pourront avoir d'effets rétroactifs, et ni cependant prendre d'autres titres qui ne sympathiseraient pas avec ce système, et ni d'autres expressions contraires à la présente, sous aucuns prétextes qui puissent influer et blesser l'honneur et la délicatesse d'un chacun , et par là enfreindre les droits les plus chers des citoyens et les lois de l'humanité dont la stabilité est garantie par un code sacré, sanctionné par le Roi et des sages législateurs.

Signé , D. Augustin REGIS.

FIN.

www.ingramcontent.com/pod-product-compliance
Ingram Content Group UK Ltd.
Pitfield, Milton Keynes, MK11 3LW, UK
UKHW021159140726
13695UKWH00005B/2217